A. M. D. G.

HIPPOLYTE-RENÉ
BEL-KASSEM

L'ENFANT ADOPTIF DES ZOUAVES

PAR

L. GALLEN

Prêtre de la Société des Missions-Africaines
de Lyon.

Prix : 1 Franc.

CLERMONT-FERRAND
IMPRIMERIE CENTRALE, MALLEVAL
8, Avenue Centrale, 8

1877

HIPPOLYTE-RENÉ

BEL-KASSEM

Approuvé et recommandé par nous

A Clermont, le 1ᵉʳ juin 1876

Pour Monseigneur empêché,

Le Vicaire général,

CHARDON.

A. M. D. G.

HIPPOLYTE-RENÉ
BEL-KASSEM

L'ENFANT ADOPTIF DES ZOUAVES

PAR

L. GALLEN

Prêtre de la Société des Missions-Africaines
de Lyon.

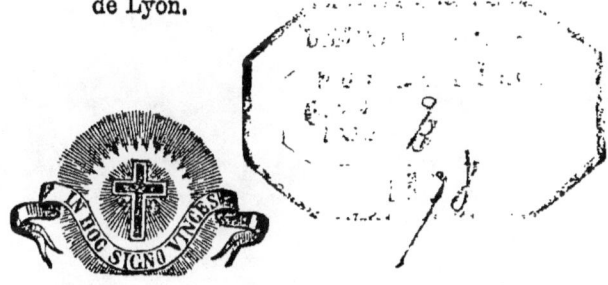

CLERMONT-FERRAND
IMPRIMERIE CENTRALE, MALLEVAL
8, Avenue Centrale, 8

1877

A. M. D. G.

AUX BIENFAITEURS DE L'ŒUVRE

DES MISSIONS-AFRICAINES

C'est à vous, chers bienfaiteurs de l'Œuvre des Missions-Africaines, que je dédie ces pauvres pages.

A qui, mieux qu'à vous, pourrais-je offrir l'histoire du petit Arabe abandonné? N'est-ce pas vous qui avez contri-

bué, par vos généreux dons, à sauver, non-seulement le corps, mais l'âme de cet enfant voué par sa naissance à la dure religion de Mahomet?

Il est bien vôtre cet enfant du désert; il est vôtre à plus d'un titre et c'est pourquoi j'ai voulu vous faire connaître quelques détails de sa vie encore bien courte mais cependant si éprouvée.

Puisse ce rapide aperçu des premières années de votre enfant d'adoption, vous être une preuve de la profonde gratitude dont nous sommes pénétrés pour tous les bienfaiteurs de notre chère Œuvre!

Ah! si le Dieu de miséricorde a promis une récompense magnifique pour un

— VII —

simple verre d'eau donné en son nom, que ne réserve-t-il pas à ceux qui aident à sauver les âmes de leurs frères!!!...

L. GALLEN,
Mis.-Afric.

J. M. J.

A. M. D. G.

HIPPOLYTE-RENÉ BEL-KASSEM

I

AGAR ET ISMAEL

S'il est un récit touchant dans la Sainte Bible, c'est assurément l'histoire d'Agar chassée de la tente d'Abraham, abandonnée avec son jeune fils aux horreurs de la faim et de la soif dans les déserts de sable de l'Orient. Mais parmi ceux qui laissent couler leurs larmes en lisant cette navrante narration, quel est celui qui songe à se dire que, dans les contrées où l'Evangile n'est pas connu, il y a tous les jours encore de nouvelles Agars, de nouveaux Ismaëls ? Et cependant rien n'est plus fréquent chez les Musulmans. Ces scènes douloureuses que le récit biblique nous peint si vivement dans sa sublime simplicité, n'ont pas toujours pour cause la sévérité du chef de la famille. Il est d'autres raisons encore à ces abandons qui font frémir notre sensibilité chrétienne. Quelquefois c'est la haine, la jalousie ou d'autres passions plus viles qui poussent l'Arabe à chasser de sa tente une compagne autrefois aimée et les rejetons de son propre sang. Mais parfois aussi c'est la misère qui jette à l'isolement et au dénûment du désert une pauvre femme et ses enfants. Aussi, si l'histoire trop vraie que nous écrivons peut sembler extraordinaire aux âmes chrétiennes qui voudront bien la lire, elle n'étonnera nullement ceux qui ont vécu en contact avec les Arabes, et qui ont pu voir de près la profondeur de la misère et de la souffrance, chez les Musulmans.

Depuis quelques années, une voie ferrée relie la capitale de l'Algérie à Oran, la seconde ville de notre belle conquête africaine ; et, des portières de son wagon emporté à toute vapeur, à travers ces pays naguère barbares, le voyageur voit se succéder sous ses yeux les paysages les plus variés, les contrastes les plus frappants de la nature : cultures et broussailles, vignes et rochers dénudés, champs de froment et savanes de palmiers nains. C'est la fertile Mitidja, les pics et les arêtes tourmentés de l'Atlas, ses cols et ses ravins célèbres par cent brillants faits d'armes. Des noms désormais historiques retentissent à ses oreilles : Blidah aux jardins féeriques, Mouzaia, Milianah, Duperré, Orléansville. Puis voici le Cheliff, fier d'être le principal cours d'eau de la côte barbaresque. Mais dès lors le coup d'œil change, l'Atlas s'éloigne vers le Sud et ses crêtes bleuâtres festonnent l'horizon, tandis que la locomotive glisse rapide à travers d'immenses plaines bien cultivées, parsemées de maisons européennes, de fermes, de cottages, qui donnent à cette partie de la province d'Oran, l'aspect des contrées les plus fertiles de la France. Relizane, Saint-Denis-du-Sig,

Sainte-Barbe-de-Tlélat, d'autres riants villages, des villes nées d'hier, telles sont les stations de la ligne.

On aperçoit aussi quelques douars arabes clairsemés au milieu de la triste végétation des palmiers nains, quelques tentes noirâtres, rapprochées en cercle, au milieu d'un rempart de buissons épineux ; de temps à autre, sur le bord des ravins, des femmes en guenilles, apportant sur leurs épaules, les unes, un lourd fardeau de broussailles pour faire cuire le couscous ; les autres, la provision d'eau dans des outres goudronnées ; parfois encore, sur le versant des collines, un troupeau de moutons avec son jeune berger, drapé dans un lambeau de burnous ; ou bien la silhouette d'un cavalier arabe se dessinant sur le bleu du ciel. C'est à côté de la vie civilisée, la vie arabe, qui a bien sa poésie aussi, mais sur laquelle, pèse comme une ombre, le spectre du Coran. Tout à coup l'azur de la Méditerranée apparaît derrière la montagne du Lion, et l'on entre dans Oran la quadruple ville, à la fois Française, Espagnole, Arabe et Juive.

Il y a environ dix ans, dans un de ces douars dont nous venons de parler, sur les bords de l'Oued-Sig, vivait une famille Arabe qui, sans être riche, n'avait jamais connu la misère. Elle se composait du père, de la mère et d'un jeune enfant encore à la mamelle. Mais le bonheur n'habite jamais de longs jours avec l'homme, pas plus sous la tente que dans les palais des rois.

De mauvais jours se levaient pour les

habitants des tribus. Pendant que la France étalait aux yeux du monde entier les merveilles de son Exposition universelle de 1867, sa jeune colonie voyait s'abattre sur elle un terrible fléau. Des nuées de sauterelles détruisirent les récoltes dans les trois provinces d'Algérie. Rien ne fut épargné : les oasis du désert, les plateaux de l'Atlas, les plaines du Tell furent envahis par l'ennemi aérien dont les bataillons pressés rongeaient les blés, la vigne, la verdure des champs et le feuillage des arbres. C'était une véritable plaie d'Egypte. Une sécheresse mortelle, puis le choléra, vinrent ajouter leurs horreurs aux horreurs de la famine. La malédiction de Dieu semblait peser sur ce malheureux pays.

Les Arabes, dont les provisions sont

toujours assez minimes, furent bientôt réduits à une extrême misère, et l'on vit arriver du fond du Sahara jusqu'aux villes du littoral, des caravanes d'affamés manquant de tout, essayant de tromper leur faim en mangeant des racines, des herbes sauvages et jusqu'à de la terre. Beaucoup d'entre eux, poussés par la faim, se nourrirent de la chair des cadavres semés sur tous les sentiers de l'Algérie. Quelques-uns même, le fait a été constaté, eurent la barbarie d'égorger des enfants pour s'en faire une horrible nourriture. On voyait ces misérables errer dans les rues des villes, pâles, décharnés, cherchant des débris de légumes, des os dans les tas d'immondices et mourant souvent d'inanition à la porte des maisons. Le chiffre des victimes est vraiment effrayant et les statistiques qui le portent à des centaines de mille, ne paraissent nullement exagérées pour ceux qui ont connu cette triste époque dont le souvenir les fait encore frissonner.

La charité chrétienne et française fit alors des merveilles, le gouvernement distribua de grandes sommes en Algérie, les Evêques jetèrent un cri d'alarme vers la France, et beaucoup de misères furent soulagées.

Notre jeune ménage arabe ne fut pas épargné par le fléau. Dans le courant de 1867, le chef de la famille mourut. Ce fut la ruine pour sa femme qui, sans ressource, sans parents pour la recueillir, dut errer à l'aventure pour se procurer la nourriture nécessaire à elle et à son enfant que, selon la coutume arabe, elle allaitait encore bien qu'il eût déjà trois ou quatre ans. Elle s'en allait donc, la pauvre femme, chargée de son jeune fils, seul trésor qui lui restait d'un passé qui avait été heureux ; elle s'en allait de tente en tente et de douar en douar, sollicitant la charité publique. Mais la charité qui a germé dans le sang de Notre-Seigneur, ne croît que sur les terres chrétiennes. L'aumône ordonnée par le Coran n'est qu'une contrefaçon de la charité ; et si le commandement de Mahomet porte parfois des fruits, ce sont des fruits bien amers pour le misérable qui les recueille. Du reste en ces jours-là, la détresse était également immense pour tous ; et les Musulmans ne purent rien pour soulager la misère de la veuve. Elle aurait pu frapper à la porte des chrétiens que la conquête avait emmenés en Afrique, et peut-être y songea-t-elle. Peut-être le bruit des merveilles de charité opérées déjà par nos prêtres, nos religieuses et nos soldats, dans les centres populeux, avait-il pénétré jusqu'à son douar. Mais demander l'aumône, cette chose si simple pour les pauvres de nos pays chrétiens, était tout un abîme de difficultés pour l'abandonnée. Ces Français, ces Roumi, selon l'appellation arabe, ce sont les conquérants, ce sont les infidèles auxquels le Coran jette l'anathème ; ce sont ces gens que les vieilles femmes dépeignent comme des ogres aux petits enfants des tentes, et dont l'apparition fait fuir encore dans certaines contrées toute la population enfantine des tribus. Pauvre femme, peut-être avait-elle au cœur cette haine que porte tout arabe au nom chrétien et cette haine l'éloigna-t-elle des centres déjà colonisés?... Mais aussi qui lui aurait appris à aimer les Français? Elle avait vu la France envoyer chaque jour en Algérie des soldats par milliers, des canons et des fusils pour prendre son pays, s'emparer du sol de sa patrie ; mais elle n'avait rien vu faire pour gagner le cœur des vaincus. Comme tous ses compatriotes, elle n'avait trouvé chez les conquérants que la haine, le mépris ou l'indifférence.

Depuis le dernier soldat de l'armée d'Afrique, jusqu'à ses premiers chefs ; depuis le simple commis jusqu'aux directeurs de l'administration, tous considèrent l'Arabe comme un sauvage abruti, destiné à croupir dans son ignorance et sa corruption. Nul ne s'est occupé de relever ces âmes dégradées par l'Islamisme ; et ce sont ceux qui s'en soucient le moins qui sont les premiers à répéter partout que *l'on ne fera jamais rien des Arabes.*

Et quand on leur demande si, au moins, ils ont essayé de les civiliser, ils répondent en montrant les maisons que les Arabes ne veulent pas habiter, les modes européennes qu'ils repoussent. Pour certaines gens, toute civilisation est là : dans le moëllon et les cotonnades. Eh ! qu'importe la mode ? Ne peut-on pas être bon citoyen sous les burnous ? Certes, quand on voit tous les jours dans nos villes prétendues civilisées, tant de sauvages qui ne connaissent ni lois ni patrie et qui prêchent au grand soleil, dans leurs journaux la désorganisation de la société, on devrait songer que la civilisation ne consiste pas essentiellement à porter une blouse ou un paletot. On accuse les Français d'être un peuple léger et superficiel ; ses détracteurs pourraient trouver dans la colonisation de l'Algérie un terrible argument pour soutenir cette accusation.

Si l'on avait voulu sérieusement civiliser les Arabes, il fallait se souvenir, qu'après tout, ce sont des hommes et s'emparer de leur esprit et de leur cœur par les bienfaits, comme on s'était emparé de leur pays par la force.

Chez une population croyante comme la population musulmane, il y avait surtout à faire vibrer le sentiment religieux. Au lieu de comprendre ainsi le rôle, ou plutôt la mission de la France, il a été de mode d'afficher une impiété qui a été le scandale des Arabes, et des mœurs dont rougiraient ces mêmes Arabes que l'on représente pourtant comme si corrompus. On est allé plus loin, sous prétexte de je ne sais quelles craintes de révoltes. On a osé entraver le zèle de ceux qui voulaient parler aux âmes des vaincus. L'histoire peut nous dire si les révoltes ont été moins fréquentes.

Je ne voudrais pas faire à mon pays l'injure de croire qu'on laisse, de parti-pris, les Arabes dans l'ignorance ; mais enfin comment m'expliquera-t-on que, dans un siècle qui se pique de philanthropie et de passion pour la diffusion des lumières, on n'ait rien fait, ou presque rien, pour l'instruction de cette race. Je le sais, il faudrait pour cela des hommes dévoués et d'immenses ressources ; mais, Dieu merci, la France est toujours la terre du dévouement ; et si, au lieu de tenir à l'écart l'élément religieux, dans l'œuvre de la civilisation algérienne, on eût fait appel à cette France catholique, elle eût bientôt fourni des instituteurs qui eussent appris à l'Arabe l'amour de Dieu et l'amour de la France ; elle eût trouvé dans son inépuisable charité, les ressources nécessaires pour cette magnifique œuvre.

Elle en a donné la preuve lors de cette terrible famine qui fournit à la charité chrétienne l'occasion de montrer aux Arabes que les Roumi avaient du cœur. Mais jusqu'alors, les Arabes n'avaient appris à connaître les Français que par les exploits des soldats sur les champs de bataille, et le mépris et les insultes des colons dans les villages bâtis sur leurs anciennes propriétés. Rien d'étonnant donc si notre Agar désespérée, s'éloignant des habitations, tourna ses pas vers le désert. Là croissent certaines plantes, certaines herbes sauvages, suprême ressource du misérable. Rien, dans nos pays chrétiens, ne peut donner l'idée d'une pareille détresse. Le pauvre des campagnes trouve toujours dans la ferme voisine un peu de pain, un toit hospitalier; dans nos villes, de nombreux établissements de charité garantissent au pauvre, au moins son existence; et il est inouï qu'en temps ordinaire un malheureux soit mort de faim en France.

Mais qui pourrait, sans se sentir ému de pitié, se représenter l'abandon, le dénûment de cette femme, au milieu des broussailles de l'Afrique ?

Malade, épuisée par l'ardeur du soleil et la longue course qu'elle a faite, délaissée de la terre entière, elle s'assied à l'abri d'une touffe de palmiers nains en serrant dans ses bras son petit enfant qui pleure de faim. Pour elle, elle est résignée à la mort que va sans doute lui apporter la nuit qui arrive ; mais comme elle doit frémir en entendant les cris du chacal qui semble saluer l'approche des ténèbres ! Comme elle doit serrer sur son sein son cher nourrisson, en entendant les hurlements féroces des bêtes fauves. Demain, sans doute, des lambeaux souillés de sang apprendront que la mère et l'enfant ont servi de pâture aux hyènes et aux chacals.

J. M. J.

II

LES SAUVEURS

On était alors au mois de juin 1868. La moisson nouvelle permettait de mettre enfin un terme à la famine, mais il fallait protéger les récoltes contre les déprédations des indigènes qui se jetaient sur le grain encore vert, pour apaiser leur faim. Des troupes furent envoyées dans différents villages pour remplir cette mission toute nouvelle pour des militaires.

Au village de Perrégaux, à l'Ouest d'Oran, se trouvait une compagnie de zouaves, commandée par le lieutenant, M. Boutin. Un détachement de cette compagnie faisait un jour sa ronde dans les champs, sous le soleil brûlant d'Afrique. La tournée avait été longue, la sueur coulait abondante sous les calottes rouges et la chaleur avait fait évaporer la gaîté proverbiale des zouaves.

Ils marchaient silencieux. Tout à coup un des zouaves s'arrête, ses yeux habitués à interroger les broussailles du désert, viennent d'apercevoir quelque chose de blanc au milieu des touffes de palmiers nains. Quand on a fait si longtemps le coup de feu contre les Arabes, la vue d'un bournous dans les broussailles n'a rien d'extraordinaire pour un troupier d'Afrique. Mais il ne s'agit pas ici d'embuscade, ces sortes de rencontres ne sont que trop fréquentes depuis un an, et nos zouaves devinent qu'il y a là quelque nouvelle victime de la famine.

— Hé! l'*Arbi!* crie quelqu'un.

Personne ne répond, rien ne bouge. On croit seulement entendre une faible plainte, comme un sanglot d'enfant.

On fait halte ; et, sur un signe du chef de détachement qui arrive, un zouave s'élance. Mais tout à coup, on le voit s'arrêter. Un navrant spectacle frappe ses regards : à ses pieds est étendue sans vie une pauvre femme, sur le corps de laquelle se cramponne en gémissant un jeune enfant de quatre à cinq ans. Tous les zouaves sont venus contempler cette scène ; et ces hommes qui semblent de bronze, ces hommes qui ont vu sans trembler la mort frapper si souvent leurs camarades à leurs côtés, ne peuvent retenir leurs larmes à la vue de cette petite créature qui, les lèvres attachées au sein maternel, essaie d'y puiser ce qui faisait sa vie.

Encore quelques instants et il y aura là deux cadavres.

Mais déjà un zouave a saisi son pain de munition ; un peu de mie est offerte à l'enfant dont la faim fait taire l'effroi, et qui mange avidement ce qu'on lui présente.

Ce premier acte de charité en inspire un second à nos braves soldats.

L'enfant qu'ils viennent d'arracher à la mort appartient à cette race arabe qu'ils détestent cordialement ; il est de ce peuple qu'ils ont tous combattu avec rage. Plusieurs d'entre eux portent, sans doute, sur leurs corps, la trace des balles africaines ; mais ils sont soldats et ils sont Français : ils ne connaissent pour ennemi que le guerrier armé qui les provoque. Il faut voir leur empressement autour du pauvre petit, arrêtant sur ses sauveurs ses grands yeux noirs qui semblent leur dire : Merci. Aussi, à cette question qui se présente à l'esprit de tous : qu'allons-nous faire du petit? on proclame à l'unanimité qu'il sera adopté par la compagnie. Le commandant du détachement, cœur d'élite, âme généreuse, s'empressa de ratifier l'adoption que ses zouaves venaient de faire et le jeune Arabe fut incorporé à la compagnie.

Une fosse creusée par les soldats reçut

le corps de la pauvre femme arabe qui, moins heureuse qu'Agar, ne vit pas les libérateurs que Dieu envoyait à son fils.

Le détachement se remit en marche et l'enfant, trop jeune encore pour suivre le pas militaire de ses nouveaux protecteurs, fut porté à tour de rôle par chaque zouave, qui se faisait un plaisir d'ajouter à sa charge, déjà si lourde, celle de l'orphelin.

Mais le soldat aime à donner un nom à tout ce qui l'intéresse, et l'on voulut nommer l'enfant sans tarder. En qualité de soldats d'Afrique la plupart des zouaves savaient quelques mots d'arabe, et l'on réussit à savoir de l'enfant qu'il s'appelait Bel-Kassem. Mais ce nom tout arabe ne sonnait pas bien à des oreilles françaises et il fut résolu qu'on lui trouverait un nom bien français, car on entendait faire de l'enfant adopté un français de pied en cap. On s'arrêta à celui de Perrégaux, nom du village sur le territoire duquel on l'avait trouvé.

Plus tard on y ajouta celui d'Hippolyte que portait le bon lieutenant, M. Boutin. Dès lors, Hippolyte devint l'enfant gâté des zouaves. Un sergent, vétéran des guerres d'Afrique, fut spécialement chargé du petit arabe qui ne peut se rappeler sans attendrissement son vieil instructeur.

Lorsque la mission du détachement à Perrégaux fut terminée, Hippolyte suivit les zouaves, à Oran. Aux premiers pas de l'étape journalière, l'enfant suivait les soldats jouant avec l'un et l'autre et les amusant par les quelques mots de français qu'il commençait à apprendre. Puis, quand ses petites jambes se fatiguaient, on le hissait sur la voiture du train qui suivait la compagnie. Au café, à la soupe, au *rata*, Hippolyte avait toujours sa ration réservée.

L'enfant adoptif des zouaves eut bientôt perdu le souvenir de la misère de ses premières années. Attaché à ces soldats qui l'avaient sauvé, pour lui le monde entier était la compagnie des zouaves. Ceux-ci de leur côté portaient le plus grand intérêt à leur protégé.

Mais, à leurs yeux, il lui manquait quelque chose. Il voulaient en faire un zouave, et l'on n'est pas zouave sans la calotte rouge, le large pantalon et la veste orientale. Aussi en arrivant à Oran on s'empressa de faire confectionner un habit complet d'uniforme pour Hippolyte.

Monsieur Boutin, se faisant une idée juste de la mission qu'il avait acceptée au nom de ses zouaves, fit admettre le jeune arabe à l'école des enfants de troupe où il commença dès lors à étudier les éléments de la langue française. Puis, dans la cour de la caserne, le vieux sergent lui apprenait à marquer le pas et l'initiait aux premières leçons de la théorie.

Ces soldats guidés par leur cœur et leur bon sens avaient bien vite compris ce qu'il fallait faire pour civiliser un Arabe. Guerrier par excellence, l'Arabe aime tout ce qui lui rappelle le métier des armes, tout ce qui sent la guerre, les fusils, la poudre, les chevaux. Etant donné ces goûts militaires, ou plutôt cette passion qui tient et aux traditions et au caractère de la race, on aurait pu faire des Arabes d'excellents soldats en attendant que les générations futures fournissent des cultivateurs, des industriels et des artisans. Les guerres de l'Empire ont montré si les engagés volontaires, spahis et tirailleurs ont été avares de leur sang pour la France.

On abjectera les défections de certains chefs Arabes, élevés jusqu'au grade d'officiers, et qui ont abandonné leur poste pour s'enfuir chez les tribus du Sahara. En Algérie, on cite, entre autres, l'exemple de cet officier qui, il y a quelques années, attachait sa croix d'honneur à la queue de son cheval et prenait le chemin du désert. Mais ces désertions ne peuvent étonner celui qui réfléchit. En effet, les Arabes sont surtout et malgré tout religieux et se mettre au service de ceux qu'ils nomment les infidèles est pour eux une sorte de déshonneur.

En outre, ils redoutent l'influence des marabouts dont l'autorité est toujours respectée chez les Musulmans et qui voient avec peine les plus intelligents de leurs coreligionnaires accepter des emplois chez les Français. Rien d'étonnant donc si l'on voit parfois des Arabes haut placés dans l'armée, retourner à la vie des douars. Là du moins leur honneur religieux et national est sauf, leur conduite est approuvée et glorifiée par tous. Mais que l'on suppose ces hommes chrétiens, ayant rompu avec le fanatisme du Coran, ils deviennent libres, indépenlants, chrétiens ; ils sont complétement français, et dès lors il n'y a plus de désertions à craindre.

En attendant que Dieu fît un chrétien de notre Hippolyte, il devint soldat.

Mais, pour employer une locution arabe, *il était écrit* que les sauveurs du jeune arabe n'achèveraient pas leur mission.

Le mois de juillet 1870 était arrivé et la France appelait aux armes l'élite de ses troupes. Les zouaves ne devaient pas être les derniers à voler sur les champs de bataille où les attendaient tant de gloire et tant de souffrances.

Si Hippolyte n'avait pas été encore un enfant, il fût venu aussi, lui, acquitter la dette de reconnaissance contractée envers la France et peut-être verser son sang avec ceux qui lui avaient sauvé la vie. Mais à cause de son jeune âge, on ne put songer à l'emmener et il fallut se décider à le laisser en Afrique.

Si le bienfait reçu fait naître la reconnaissance, il est constant aussi que le bienfait donné forme un lien d'affection qui va du bienfaiteur à l'obligé.

Les zouaves le sentirent bien à leur départ d'Oran pour la France, et l'impossibilité matérielle d'emmener leur enfant d'adoption put seule les obliger à se séparer de lui.

On le laissa donc, mais du moins, on ne voulut pas l'abandonner.

Mais à qui le confier ?

Le choix de ceux qui devaient remplacer les zouaves dans l'œuvre de l'éducation d'Hippolyte ne pouvait être douteux. Monseigneur Callot, premier évêque du diocèse d'Oran venait de fonder un orphelinat pour recueillir les jeunes Arabes dont les parents avaient été victimes de la famine. Ce fut à lui que s'adressa M. Boutin.

On comprend assez dans quel sens fut accueillie la demande du brave officier. C'est à bras ouverts que Mgr Callot avec son cœur si bon, si paternel, reçut le nouvel enfant que la Providence lui envoyait.

Monsieur Boutin vint lui-même conduire Hippolyte à l'orphelinat et ce ne fut pas sans émotion qu'il se sépara de lui.

Quelques jours après, le 2me zouaves était au feu. Les soldats d'Afrique restèrent dignes de leur réputation de bravoure. Mais que pouvait le courage contre ces projectiles qui les frappaient de loin et les écrasaient avant qu'ils eussent pu se servir de leurs armes ! Ils furent décimés dans les premières batailles et M. Boutin tomba à Freshwiller avec nombre de ses vaillants zouaves en combattant pour la patrie. Hippolyte apprit bientôt à l'orphelinat la triste nouvelle, et ses larmes coulèrent. Malgré son jeune âge il ne pouvait oublier le bon lieutenant qui lui avait témoigné tant d'affection.

L'orphelin perdait ainsi ceux qui lui avaient sauvé la vie du corps, mais Dieu lui avait déjà trouvé des pères pour lui donner la vie de l'âme.

J. M. J.

III

M'SILAH

Quand on sort d'Oran par la porte Saint-André, on aperçoit à droite la montagne de Santa-Cruz qui domine la ville entière et dont les pentes rapides descendent dans la Méditerranée. C'est la première croupe, la tête de ligne pour ainsi dire, d'une chaîne de montagnes qui s'étendent vers l'Ouest entre la mer et la route de Tlemcen. A trente kilomètres d'Oran, on rencontre sur cette route le village de Bou-Tlélis. Là nous quittons le grand chemin pour suivre une autre voie dans la direction du Nord, et après avoir gravi une côte longue et roide, nous arrivons sur le plateau de la chaîne de montagnes dont nous venons de parler.

On a alors sous les yeux un magnifique paysage. Là-bas, au Sud, c'est le Djebel-Thessala et ses crêtes découpées, cette immense nappe blanche qui couvre la plaine c'est la Sebka ou lac salé d'Oran; sur ses bords serpente la longue route de Tlemcen que nous suivions tout à l'heure et nous apercevons à nos pieds les toits rouges de Bou-Tlélis que nous venons de quitter.

Mais nous ne sommes pas au but. Disons adieu à ce village qui nous rappelle encore le monde civilisé et continuons notre course vers le Nord. Le sable jaune où s'enfoncent nos pieds, et les rochers incrustés de coquilles des collines environnantes, attestent que ce sol fut autrefois le lit de la mer. La végétation africaine s'efforce en vain de cacher les traces de l'Océan. De tous côtés poussent les inévitables palmiers nains, les cytises, les arbousiers, etc; puis apparaissent les premiers chênes-liéges. Nous sommes dans la forêt. Tout à coup le rideau d'arbres qui nous cachait la campagne fait place à une immense clairière et nous apercevons au pied d'une chaîne de collines calcaires une maison dont le toit rouge et les murailles blanches resplendissent au soleil. Ses deux cours entourées de murs élevés, son clocher en forme de minaret lui donnent l'aspect d'une construction mauresque ou espagnole. Un jardin planté d'oliviers, d'orangers, de mûriers, entoure l'habitation et achève de lui donner un cachet tout africain. Des vignes récemment plantées, des champs défrichés depuis peu témoignent que ce désert se transforme chaque jour en une fertile campagne.

— C'est M'Silah, l'orphelinat arabe fondé par Mgr Callot pour les jeunes enfants indigènes que la famine a rendus orphelins. C'est là que M. Boutin, à la veille de partir pour la France, vint conduire Hippolyte.

Le jeune arabe y trouva plus de cent enfants recueillis par l'évêque d'Oran dans les rues des villes, dans les broussailles du désert, arrachés comme lui à la mort et à l'influence funeste de l'Islamisme.

Mais il était trop jeune encore pour comprendre la grandeur du bienfait qu'il recevait en entrant à M'Silah. Il ne pouvait comprendre surtout la grandeur des sacrifices que s'imposait celui que désormais il devait appeler du nom de père. Nous-mêmes, nous ne connaissons qu'une faible partie de ce que fit Mgr Callot pour ses chers enfants arabes, mais le peu que nous en savons suffit pour nous remplir d'admiration pour cet Evêque si zélé et si bon. Un de nos confrères ne pouvait nous raconter sans émotion le fait suivant:

Il avait rencontré Mgr Callot à la gare d'Arvant dans un des voyages que Sa Grandeur faisait chaque année en France dans l'intérêt de ses œuvres diocésaines et surtout de l'œuvre des orphelinats arabes. Il invitait notre confrère à monter avec lui en wagon. Celui-ci objectant qu'il était trop coûteux pour un missionnaire de voyager en première classe : « Oh ! mon cher ami, s'écria Mgr Callot, je suis pauvre, bien pauvre aussi moi cette année : il faut que je ménage pour mes enfants arabes ! » Et l'Evêque auquel son rang faisait une obligation morale de prendre une voiture de première classe voyageait en seconde pour ne pas trop entamer ses ressources personnelles consacrées comme les aumônes qu'il recueillait chaque année en France aux bonnes œuvres de son diocèse. Et Dieu sait ce que lui coûtaient ces œuvres ! A M'Silah il avait fallu acheter le terrain, construire des bâtiments assez vastes pour 150 enfants et les directeurs, pourvoir à tous les besoins.

Le gouvernement donnait une allocation mais elle était loin de suffire et la Providence était le principal pourvoyeur de l'orphelinat.

Il fallait pour soutenir Mgr Callot au milieu de tant de soucis, pour lui donner la force de persévérer dans son œuvre tout l'amour que Dieu avait mis dans son cœur pour ses enfants arabes. Mais aussi qu'il les aimait ses chers enfants ! Qu'il était heureux de pouvoir s'arracher parfois au tracas des affaires pour venir passer un jour ou deux au milieu de sa famille de M'Silah. Mais aussi qu'il était payé de retour ! Quelle joie, quelle fête à l'orphelinat quand Monseigneur arrivait ? C'était en vérité un père au milieu de ses enfants.

Tel était le nouveau protecteur que notre Hippolyte avait trouvé.

Il avait trouvé aussi des frères, car la famille de Mgr Callot était nombreuse. Parmi les cent ou cent trente orphelins amenés à M'Silah il y avait des jeunes gens de tout âge depuis six ou sept ans jusqu'à dix-huit. Ces enfants, recueillis par nos prêtres, nos religieux, nos soldats et nos colons, avaient d'abord été gardés par des militaires dans différentes localités puis dirigés sur l'orphelinat à sa création en 1870. Ils se souvenaient encore des jours terribles qu'ils avaient traversés, des tortures de la faim, des souffrances de tout genre qu'ils avaient endurées. L'un d'eux a encore le cou percé d'un coup de couteau que lui donna, dit on, sa propre mère qui, pressée par la faim, commençait à l'égorger quand on le lui arracha. D'autres, dans leurs courses errantes, avaient mangé de la chair humaine. Quelques-uns avaient des plaies et un grand nombre, l'affreux mal de la teigne.

Ravis des bons soins qu'on leur donnait ces pauvres enfants refusèrent de retourner vers leurs tribus quand, à la fin de la famine, on les laissa libres de reprendre le chemin de leurs douars ou d'entrer à M'Silah. Quelques-uns seulement, parmi les grands préférèrent redevenir arabes ; mais la plupart, surtout les petits, s'attachèrent aux Français. La charité chrétienne avait gagné ces jeunes âmes. Ils sentaient que jamais chez leurs compatriotes ils ne trouveraient l'affection, la bonté que leur témoignaient leurs bienfaiteurs.

On a accusé les Evêques d'Algérie et leurs coopérateurs d'avoir fait de ces enfants des chrétiens par force. Certes, ceux qui parlent ainsi n'ont pas connu M'Silah. Tous les enfants désiraient le baptême, tous le demandaient. C'était une faveur insigne accordée seulement aux plus grands et qui devait être méritée par une instruction religieuse très-suffisante, une sagesse exemplaire persévérant des mois et même des années entières.

Pauvres enfants ! Fallait-il donc après leur avoir sauvé la vie du corps, leur refuser la vie de l'âme ? Combien leur foi était vive ! Je me rappelle encore le ton triste avec lequel les plus jeunes me disaient souvent : « Pourquoi ne me baptises-tu pas? Si je meurs cette nuit je n'irai pas au ciel! »

Et dès que l'un d'eux tombait malade sa première pensée était de demander le baptême.

Si nous étions sévères pour l'admission au premier de nos Sacrements, du moins les résultats ont été bien consolants.

Pendant les quatre années que nous avons passées à l'orphelinat nous avons vu quatre ou cinq de ces enfants, cédant aux sollicitations de leurs familles, s'enfuir dans leurs anciennes tribus, mais nous n'avons eu à déplorer la défection d'aucun de nos jeunes chrétiens. Mieux instruits des vérités et des preuves de notre sainte Religion que beaucoup de nos chrétiens de France, ils auraient certainement préféré le martyre à l'apostasie. Malgré l'influence visible de la grâce sur ces jeunes âmes, je ne veux pas dire que nos enfants baptisés fussent tous des saints ; mais que le chrétien sans faute et sans reproche soit le seul à leur jeter la première pierre.

L'un de ces jeunes chrétiens s'oublia une fois. Pour éviter une punition justement méritée, il céda à la tentation si séduisante pour un arabe de retourner sous la tente. Mais là, la grâce de Dieu le poursuivit sous la forme du remords et chaque jour il conduisait le troupeau dont il était chargé vers le village français le plus proche. Un jour il entendit les cloches de l'église sonner ; et, songeant à la Sainte-Messe qu'il n'avait pas entendue depuis plusieurs mois, à la Sainte-Communion surtout, il se mit à pleurer. Un juif passait par hasard par là. Notre prodigue s'approcha de lui et lui demanda si c'était bientôt la Pâque des chrétiens. Le marchand Israélite lui ayant répondu qu'elle était passée, Henri, c'était le nom de l'enfant s'en revint plus triste encore au douar résolu à tout tenter pour échapper à la surveillance de son maître, qui, soupçonnant son projet de fuite, le menaçait d'une terrible vengeance s'il retournait chez les chrétiens. Quelque temps après il fut emmené à Oran par l'Arabe. Là, en revoyant de près des chrétiens, des maisons, des églises surtout, il s'enfuit et vint se réfugier chez un prêtre qu'il avait vu à M'Silah et dont il connaissait le bon cœur et la grande charité. M. l'abbé Vachon gémissait comme nous depuis longtemps sur le prodigue. Transporté de joie à sa vue il le prit par la main et le conduisit à l'église devant le Tabernacle et l'y laissa seul une demi-heure. Qui peut dire ce qui se passa entre Dieu et cette pauvre âme? Quand M. Vachon revint à l'église il trouva Henri pleurant à chaudes larmes et demandant pardon à Dieu et à ceux qu'il nommait Pères de sa conduite passée. La joie de l'enfant n'avait d'égale que celle de ceux qui lui avaient appris à aimer Dieu.

Si l'on s'occupait de l'âme des jeunes Arabes à l'orphelinat, on ne négligeait pas leurs intérêts temporels. Ils suivaient chaque jour et deux fois par jour des classes de français et d'arithmétique ; et, j'aime à le dire, je n'ai jamais vu en France dans aucune école, dans aucun collége, l'application, l'ardeur de ces enfants pour l'étude.

Différentes occupations soit à l'intérieur, soit à l'extérieur remplissaient la journée. Ces enfants ne manifestant de goût que pour les travaux de la campagne étaient employés sous la direction des Pères dans les champs de la ferme ou au jardin. D'autres avaient la garde des troupeaux tandis que quelques-uns étaient occupés dans la maison même.

Au nombre de ceux-ci était Hippolyte.

Cet enfant élevé depuis l'âge de cinq ans par des Français, ayant toujours été occupé à l'orphelinat à un travail sédentaire, n'avait pas conservé cette écorce un peu rude que gardèrent plus longtemps ceux qui travaillaient aux champs.

Les jours s'écoulaient heureux et paisibles dans cette solitude de M'Silah. Aussi comme chacun aimait ce cher orphelinat! Pour les enfants, M'Silah c'était la maison, le chez-soi, la patrie et tous y désiraient passer leur vie. C'était bien aussi le vœu le plus ardent de Mgr Callot qui se proposait de créer là un village chrétien en y établissant les enfants dès qu'ils seraient capables de tenir ménage et de labourer leurs champs.

La mort vint anéantir toutes ces espérances, tous ces projets d'avenir. Mgr Callot mourut et son œuvre ne fut pas continuée selon ses plans. Il nous en souviendra longtemps du jour où la nouvelle de cette mort tomba comme un coup de foudre à l'orphelinat. Il nous semble voir encore tous ces visages mornes, ces larmes coulant de tous les yeux, il nous semble entendre ces sanglots déchirants des plus petits s'écriant : « Monseigneur est mort, nous n'avons plus de père ! » Certes, nous pouvons l'affirmer, cette douleur venait du cœur, ces larmes et ces sanglots étaient sincères. Les pauvres enfants, c'était bien avec raison qu'ils pleuraient ! Ce jour-là était un jour néfaste pour tous, un vrai jour de deuil.

Les orphelins durent quitter leur cher M'Silah. Ce ne fut pas sans larmes. On les arracha de cette maison où ils avaient passé de si heureuses années, où ils avaient grandi, où ils avaient appris à aimer Dieu, où plusieurs d'entr'eux étaient devenus chrétiens.

— Le souvenir de ces scènes navrantes ne sortira pas de notre mémoire.

Les directeurs appartenant à la société des Missions-Africaines de Lyon avaient été appelés par Mgr Callot pour dirige l'orphelinat.

A sa mort ils reprirent le chemin de la France et les enfants furent placés en grande partie à l'orphelinat européen de Misserghin.

J. M. J.

IV

LE BAPTÊME

Lorsque nous quittâmes l'Algérie pour rentrer en France, en voyant ces enfants pleurer autour de nous et nous demandant à nous suivre nous eussions voulu les emmener tous ; mais, ne pouvant satisfaire entièrement les désirs de notre cœur, nous voulûmes du moins choisir quelques-uns d'entr'eux.

Hippolyte, à sa grande joie, fut du nombre de ceux que nous pûmes emmener.

Quelques jours après nous partions pour la France. Nous ne dirons pas que nos jeunes arabes quittèrent sans regret leur patrie ; mais la pensée de voir la France, ce pays qu'ils ne connaissaient que par les bienfaits qu'ils en avaient reçus, adoucissait grandement ce regret.

Et puis leur patrie n'avait-elle pas été pour eux une marâtre ?

Aussi, quand du pont du bateau-vapeur, ils firent leurs derniers adieux à la côte d'Afrique qui disparut bientôt dans les ombres de la nuit, si quelques larmes coulèrent, elles furent bientôt séchées en songeant que là-bas, au-delà de cette grande mer il y avait une autre patrie qui les attendait.

Après une escale à Carthagène et une tempête dans le golfe du Lion qui éprouva un peu nos petits Arabes, on mit enfin le pied sur la côte de France.

L'accueil que leur fit leur nouvelle patrie ne fut pas des plus gracieux et ne répondit pas à leur attente.

Nous arrivions à Marseille aux premiers jours des froids rigoureux de l'hiver de 1875. Le vent du nord faisait grelotter les Africains malgré les chauds vêtements que l'on s'empressa de leur procurer. Les brouillards de Lyon où nous débarquâmes le lendemain les étonnèrent encore davantage et Hippolyte n'ayant pas vu le soleil pendant un mois nous demandait sérieusement si celui d'Afrique ne se montrait jamais en France.

Enfin on était au port, au séminaire des Missions-Africaines. Là, les orphelins reprirent leurs classes ainsi qu'à

M'Silah, et l'instruction religieuse, comme toujours, fut l'objet d'études spéciales.

Trois d'entr'eux n'étaient pas baptisés. On se rendit bientôt à leurs vifs désirs et l'époque du baptême fut fixée pour les fêtes de Pâques de 1876.

De fervents chrétiens comme en compte tant la grande cité catholique de Lyon, voulurent devenir leurs pères et mères spirituels sur les Fonts-Baptismaux, et l'une des églises de la ville fut choisie pour cette cérémonie touchante.

Ce fut là au berceau de l'Œuvre de la Propagation de la Foi que nos jeunes Arabes renoncèrent publiquement à l'Islamisme pour entrer dans le sein de l'Eglise catholique.

Ce fut un beau jour pour Hippolyte.

Une noble famille d'Auvergne qui pleurait un fils mort au service de la patrie voulut donner au nouveau chrétien le nom de ce fils tant aimé, tant regretté. Hippolyte s'appela désormais René.

De tous les noms possibles, nul, certes, ne pouvait mieux convenir à l'Ismaël abandonné du désert, à l'enfant d'adoption des zouaves, à ce fils de l'Islam sauvé providentiellement de la mort et naissant en ce jour à la vie de la grâce, recevant la vie de l'âme et les prémices de la vie éternelle.

Si cet Ismaël de la Bible, auquel nous l'avons si souvent comparé, dut la vie à la source que Dieu fit jaillir dans le désert, René aussi devait être conduit vers la source de vie qui coule du Calvaire.

Aussi comme il sentit bien la grandeur

de la grâce qui lui était faite ! Au contact du cœur de Notre-Seigneur entrant pour la première fois dans son âme purifiée par l'eau du baptême, il sentit son cœur s'embraser du zèle des âmes, de l'ardent désir de procurer à d'autres le bienfait qu'il avait reçu lui-même. Il se dit : Moi aussi j'irai avec ceux qui m'ont racheté.

Et tout annonce que ce ne fut point à une idée fugitive prise dans l'ardeur d'une dévotion passagère. Après un séjour de quelques mois à Nice où le climat plus clément convient mieux à nos Africains, sa vocation persévérant on se rendit à ses prières et il fit son entrée au noviciat des Missions-Africaines à Clermont-Ferrand. Quelques années passées dans cette maison pour y mûrir dans le calme et la paix de sa vocation apostolique, il ira aussi, lui, évangéliser ses frères d'Afrique et leur porter, avec la vérité et la lumière de l'Evangile, l'eau vivifiante du baptême.

J. M. J.

NOVICIAT
DES
FRÈRES DES MISSIONS AFRICAINES

Clermont-Ferrand

ŒUVRE DES VOCATIONS APOSTOLIQUES POUR LES BARBARES
DE L'AFRIQUE

Bénie et enrichie d'Indulgences par Pie IX, et encouragée
par plusieurs évêques

Dans la pensée que nos lecteurs seront bien aises d'avoir une petite notice sur l'œuvre à laquelle s'est voué notre jeune René-Hippolyte, nous indiquons, dans les quelques lignes suivantes, son origine, son but, ses moyens d'action et les peuples évangélisés par elle.

Sur les cinq cent millions d'hommes qui ignorent encore la bonne nouvelle apportée, il y a dix-huit siècles, par N.-S. Jésus-Christ, le peuple africain se fait remarquer entre tous par son abaissement plus complet et plus profond. L'excès même de son abjection émut, il y a vingt ans, le cœur généreux d'un jeune Evêque, Monseigneur Marion de Brésillac. Animé d'un saint zèle, il se rendit au désir du Saint-Siége et fonda à Lyon le Séminaire des Missions-Africaines qui devait, à son tour, quelques années après, donner naissance au noviciat des Frères établi à Clermont-Ferrand.

Cette œuvre envoie des ouvriers évangéliques au Dahomey (Golfe de Guinée), population encore fétichiste et adonnée aux sacrifices humains ; dans la partie centrale du cap de Bonne-Espérance, à l'île de Sainte-Hélène ; chez les tribus au nord du fleuve Orange jusqu'à 18° de latitude sud ; dans la Haute-Egypte, etc.

De nombreux missionnaires ont déjà travaillé dans ce vaste champ ; ils ont ouvert des stations, créé des écoles, jeté des fondements de missions qui promettent de devenir florissantes parmi ces populations noires, « *tour à tour si cupidement exploitées et si cruellement repoussées par la civilisation.* »

A mesure que ces missions se sont développées, il a été reconnu de plus en plus nécessaire d'adjoindre aux missionnaires des Frères-coadjuteurs. Ils servent puisamment à l'extension du bien dans un pays neuf, où tout est à créer, le Noir par lui-même n'ayant pas d'initiative. Ils aident le missionnaire comme catéchiste dans les écoles, auprès des malades, dans les soins du matériel de nos établissements, etc.

Dans le but de former ces Frères, une maison a donc été établie à Clermont-Ferrand. Quelques jeunes gens entendent notre appel et viennent frapper à notre porte, demandent à s'enrôler dans ces rudes et lointaines milices. Ils apportent leur bonne volonté et leur dévouement personnel ; ils viennent pour se dépenser au salut des âmes les plus dégradées, les plus méprisées et les plus déshéritées qui soient sur la terre. Le bien qu'ils sont appelés à faire est immense, seulement nous demandons pour eux le moyen de correspondre à leur vocation ; nous demandons à tous les catholiques, prêtres et laïques qui sont embrasés de l'amour des âmes, de soutenir par l'aumône un établissement d'où dépend le salut éternel de millions d'âmes. L'œuvre pour laquelle nous faisons ce pressant appel à nos frères dans le sacerdoce est une œuvre toute de foi et de charité. Ce n'est pas une œuvre de tel ou tel lieu, c'est une œuvre catholique ; c'est un instrument nécessaire à l'œuvre par excellence de la Propagation de la Foi. Il faut à celle-ci des missionnaires pour les envoyer à tous les bouts du monde ; mais elle ne les prépare pas elle-même, elle ne les forme pas, elle n'applique ses ressources à l'érection et au soutien d'aucun séminaire ; ses statuts s'y opposent formellement. Il faut donc qu'on lui fournisse des missionnaires tout prêts à partir ; c'est ce que nous faisons. Mais l'existence, le développement, la perpétuité de notre Noviciat des Frères-missionnaires dépendent de la bienveillante aumône que nous sollicitons.

En vous faisant part de cette œuvre nous ne faisons qu'emprunter la voix du Saint-Siége : « Nous recommandons instamment « ces missions à la charité de tous les « fidèles, écrit le cardinal Barnabo, préfet « de la Propagande, convaincu qu'ils « accompliront un acte agréable à Notre-« Seigneur par toute l'assistance qu'ils « leur prêteront. » — Cette parole jointe à la bénédiction et aux encouragements de Pie IX ; l'accueil si bienveillant dont l'épiscopat français a bien voulu nous honorer ; les sympathies que nous ont témoignées les prêtres et les fidèles, toutes ces recommandations parleront plus haut en notre faveur que tout ce que nous pourrions vous dire sur l'excellence de l'œuvre. — Tous contribueront par leurs aumônes à la soutenir et se feront un devoir d'être comptés parmi les apôtres des Noirs.

G. DESRIBES,
mission.-apost.

Comme complément de cette petite notice nous sommes heureux d'offrir à nos lecteurs quelques petites pièces de vers composées par le R. P. Dupuy, prêtre de l'Immaculée-Conception de N.-D. de Lourdes :

SAINT-JOSEPH DE RICHELIEU

OU LE NOVICIAT

I

Que j'aime cet asile,
Enchanteur et tranquille,
Loin du monde et du bruit !
Le travail, le silence
Et leur sœur l'innocence
L'habitent jour et nuit.

J'aime la maison blanche,
Cette onde qui s'épanche,
Et ces jardins aussi
Où la vive jeunesse
S'ébat dans l'allégresse
Exempte de souci.

L'on n'y craint point du monde
Ni la haine profonde,
Ni l'indiscret regard.
De son haleine impure
Cette large clôture
Défend comme un rempart.

J'aime de la charmille,
Toujours aussi gentille,
Les verdoyants berceaux.
Cette fraîche verdure,
Et l'onde qui murmure
Invitent au repos.

J'aime à revoir fleurie
La fertile prairie
Qu'ombragent ses vergers.
Là-bas, une madone
Domine sur un trône
De rustiques rochers.

Dans une grotte obscure
La Vierge sans souillure
A Lourdes se montra :
Là, du rocher sauvage,
La souriante image
Sur ces lieux veillera.

Recueillons-nous : si belle,
N'est-ce point la chapelle
Qui s'élève en ce lieu ?
Prions, car la prière
Monte ici plus légère
Vers le trône de Dieu.

II

LES NOVICES

Entendez-vous ?... C'est l'heure où le travail
[commence,
Pour leurs chantiers divers, les Frères en silence
Ont quitté le Saint-Lieu.
De la cloche souvent la voix se fait entendre,
Et chacun aussitôt est fidèle à se rendre,
Comme à la voix de Dieu.

C'est ici, sous le frein d'une autorité sage,
Que de l'obéissance on fait l'apprentissage.

Elle coûte bien peu,
Mais que dis-je ! Ah ! plutôt elle est douce a
[bon Frèr
Qui dans le moindre signe avec amour révère
La voix même de Dieu.

Voyez-les, ces héros que le monde ravale,
Se porter pleins de joie et d'une ardeur égale
Au travail comme au jeu.
A toute heure du jour martyrs du sacrifice,
Dans ce pieux penser ils trouvent leur délice
« C'est la voix de mon Dieu. »

Vienne, vienne pour eux cette heure solennel
Où, pour d'affreux déserts, à la France si bell
Il faudra dire adieu.
Les voilà prêts ! Volant vers de lointains ri
[vages
Ils iront se fixer chez des tribus sauvages
A la voix de leur Dieu.

O Frères, votre sort est bien digne d'envie !
Est-ce trop d'appeler ce jour de votre vie
Par des désirs de feu ?
Dignes d'être associés à vos ardents apôtres,
A leurs nobles efforts vous unirez les vôtres
Pour la gloire de Dieu !

III

LES ASPIRANTS

Comme de jeunes plantes,
Croissez, âmes charmantes,
A l'abri des noirs aquilons.
Cultivez la science,
Mais gardez l'innocence
Qu'on voit resplendir en vos fronts.

C'est de votre jeune âge
Le plus bel apanage
Et le charme délicieux.
Quelle riche couronne
Si votre front rayonne
Pur comme l'étoile des cieux !

Et si Dieu vous appelle,
Répondez par le zèle
A votre sainte mission.
Enfants, elle est sublime,
Et ce serait un crime
De n'en pas estimer le don.

Sur la terre Africaine
Où l'enfer se déchaîne

Menaçant de tout engloutir,
Ah ! sans doute quelque âme
Instamment vous réclame :
Voulez-vous la laisser périr !...

Croissez, jeunes apôtres ;
Bientôt, unis à d'autres,
Vous volerez peupler les cieux.
Trop longtemps délaissée,
La moisson avancée
Attend des ouvriers nombreux.

Pauvre terre infidèle !...
Vous répandrez pour elle
Vos sueurs avec vos soupirs.
Pour qu'elle refleurisse
Faut-il le sang du sacrifice,
Donnez le vôtre, heureux martyrs !...

CHANT DU DÉPART

Paroles de MM. Dallet et Claudius Hébrard

I

Partez, héros de la bonne nouvelle,
Voici le jour appelé par vos vœux,
Rien désormais n'enchaîne votre zèle,
Partez, amis, que vous êtes heureux !

Oh ! qu'ils sont beaux vos pieds, missionnaires !
Nous les baisons avec un saint transport.
Oh ! qu'ils sont beaux sur ces laintaines terres,
　Où règnent l'erreur et la mort.

Refrain

Partez, amis, adieu pour cette vie,
Portez au loin le nom de notre Dieu,
Nous nous retrouverons un jour dans la patrie,
　　Adieu, frères, adieu.

II

Un peuple appelle, il attend ses apôtres,
Bons messagers, intrépides sauveurs,
Allez chercher dans le salut des autres,
La récompense et la paix de vos cœurs.
Allez guider vers la Terre promise
Des fils de Cham les sauvages tribus,
Quelles moissons promettent à l'Eglise
　Et vos efforts et vos vertus !....

III

Hâtez vos pas vers la plage africaine,
Où vous attend un peuple dans la nuit,
Voué longtemps au mépris, à la haine,
Abandonné comme un peuple maudit.

Soldats du Christ, portez-lui la lumière,
Portez-lui Dieu, le salut et l'espoir.
La Croix sera votre sainte bannière,
   Ouvrez le Ciel au pauvre noir.

IV

Partez, partez ! là-bas vos frères tombent
En combattant l'erreur et les faux dieux.
Au poste saint si ces héros succombent,
Prenez leur place, et soyez dignes d'eux.
Offrez au Ciel la victime suprême,
Sur les autels enlevés à Satan ;
Faites couler la grâce du baptême
   Où l'on versait des flots de sang.

V

De vos aînés la trace encourageante,
De vos travaux va prolonger l'effort ;
Et saluant leur tombe triomphante,
Vous voudrez vivre en souhaitant leur mort.
Ils ne sont plus, mais leur exemple reste,
Il vous fallait au Ciel des répondants.
De Brésillac en pleine cour céleste
   Prie encor mieux pour ses enfants.

VI

Plus de honteux marchés de chair humaine,
Chair que le Christ a daigné revêtir;

Chair où Dieu place une âme souveraine
Faite pour croire, aimer et bien agir.
Devant la Croix plus d'esclaves sur terre,
Plus de tyrans, d'ignorants, de jaloux.
Tous les humains sont fils du même Père,
   Qui dans le Ciel les attend tous.

AFFILIATION

L'affiliation à l'œuvre des Missions-Africaines donne une part :

1° Aux travaux et aux œuvres des Missionnaires ;

2° Aux prières des Nègres convertis et à la reconnaissance des nombreux enfants baptisés à l'article de la mort ;

3° Aux prières qui se disent chaque jour pour les Bienfaiteurs et Fondateurs de l'œuvre ;

4° A une Messe qui se célèbre tous les vendredis de l'année pour les Affiliés vivants et défunts ;

5° A un Service solennel qui aura lieu chaque année, le vendredi qui suit la Fête des Morts pour les Affiliés défunts et pour leurs parents.

Le Saint-Siége, par rescrit du 26 février 1865, a bien voulu enrichir notre Association de précieuses indulgences.

INDULGENCES PLÉNIÈRES

1° Jour de la réception ;

2° Fête de la Sainte-Couronne d'épines de N.-S. Jésus-Christ ;

3° Fête de l'Exaltation de la Sainte-Croix.

Conditions : Se confesser, communier, visiter une église, y prier aux intentions du Souverain-Pontife.

4° A l'article de la mort.

Condition : Invoquer de cœur, si on ne le peut de bouche, le Saint Nom de Jésus.

AUTEL PRIVILÉGIÉ pour la Messe célébrée chaque vendredi de l'année en faveur des Associés défunts.

INDULGENCE DE 60 JOURS toutes les fois

qu'un Affilié fait une bonne œuvre pour le succès des Missions-Africaines.

Exequatur : † I.-J.-M. Card. DE BONALD,
Archevêque de Lyon.

Conditions d'agrégation à l'œuvre (1) :

Donner son nom et remettre une offrande de fondateur, de protecteur ou d'affilié.

1° Sont affiliés, ceux qui offrent une aumône annuelle de 1 franc ;

2° Sont protecteurs, ceux qui promettent une offrande de 20 francs par an ;

3° Sont fondateurs, ceux qui donnent 1,000 fr. Ces derniers auront leurs noms gravés sur une table de marbre et nous disons après la mort de chacun d'eux, 50 messes pour le repos de leur âme.

(1) Les offrandes devront être adressées au R. P. supérieur du Noviciat des Frères des Missions-Africaines, quartier de Chamalières, Clermont-Ferrand (Puy-de-Dôme).

L'ÉPISCOPAT FRANÇAIS

ou

L'Œuvre des vocations apostoliques pour les barbares de l'Afrique

ARCHEVÊCHÉ   *Besançon, 23 mars 1875*
    de
BESANÇON

Monsieur et très-honoré missionnaire,

L'œuvre que vous entreprenez est fort grande, et vous avez un spécial besoin du recours d'en-haut. J'espère qu'il ne vous fera pas défaut, non plus que les encouragements de la terre. Plus votre mission est difficile, et plus notre divin Rédempteur vous donnera de force pour l'accomplir : Dominus dadit verbum evangelizantibus virtute multâ.

Recevez l'assurance de mes sentiments très-distingués,

† CÉSAIRE,
Cardinal-archevêque de Besançon.

ARCHEVÊCHÉ
    de
BOURGES

Je joins volontiers ma recommandation à celle de Monseigneur l'évêque de Clermont, et j'appelle toutes les bénédictions de Dieu sur l'œuvre si importante et si méritoire des Missions-Africaines.

Bourges, 19 janvier 1876

† J. A., *archevêque de Bourges.*

ARCHEVÊCHÉ
    D'AUCH

Nous bénissons du fond de notre cœur l'œuvre importante recommandée à notre patronage, nous encourageons notre clergé et nos pieux fidèles à lui venir en aide et nous ajoutons notre modeste offrande à nos bénédictions.

Auch, le 20 octobre 1876

† PIERRE, *archevêque d'Auch.*

ARCHEVÊCHÉ
de
TOULOUSE

Ancien évêque des colonies, je ne puis que béni[r] et encourager l'entreprise commencée par le[s] Missions-Africaines.

Toulouse, 27 février 1877

† FL., *archevêque de Toulouse.*

ARCHEVÊCHÉ
de
TOURS

Malgré les charges de notre diocèse, nous n[e] pouvons nous dispenser de donner un témoignag[e] de sympathie aux missions de l'Afrique centrale[.]

Tours, 23 mai 1877

† CHARLES, *archevêque de Tours.*

ARCHEVÊCHÉ
de
CAMBRAI

Le Père Desribes de la société des Missions-Africaines dirigée par le R. P. Planque de notre diocèse, désire recueillir quelques aumônes pour son œuvre. Les personnes qui voudraient lui venir en aide feront une bonne action que nous demandons à Dieu de bénir.

Lille, 12 décembre 1876.

† Henri MONNIER, *évêque de Lydda*,
Coadjuteur de l'archevêque de Cambrai.

ÉVÊCHÉ
de
SAINT-FLOUR

Je suis heureux de bénir l'œuvre des vocations apostoliques pour l'Afrique et je la recommande à toute la bienveillance des personnes pieuses et charitables de mon diocèse. Je verrai avec plaisir mon clergé prêter son concours au R. P. Desribes, prêtre de la société des Missions-Africaines, et directeur de la maison établie à Clermont-Ferrand.

Saint-Flour, 14 décembre 1874

† P.-B., *évêque de Saint-Flour.*

ÉVÊCHÉ   *Cahors, 27 mars 1875*
  de
CAHORS

Mon cher père,

C'est de grand cœur que je bénis votre œuvre dont j'apprécie tout le mérite. Je vous prie d'accepter ma modeste offrande comme témoignage de ma sympathie.

Votre tout dévoué,

† PIERRE, *évêque de Cahors.*

ÉVÊCHÉ   *Agen, 27 mars 1875*
D'AGEN

Mon Révérend père,

Je suis heureux en accusant réception de votre prospectus de joindre ma bénédiction et mes encouragements à ceux qui vous sont venus de la Chaire de Pierre et des différents siéges de France... Votre œuvre, instrument nécessaire de la Propagation de la Foi sur la terre d'Afrique, me semble réaliser un des plus ardents désirs du cœur de Jésus, et un des besoins les plus pressants de l'Eglise, la multiplication des ouvriers évangéliques : « Messis quidem multa, operarii autem pauci. » *Aussi c'est de grand cœur que je la recommande à la pieuse générosité de mes diocésains.*

Agréez.....

† JEAN-ÉMILE, *évêque d'Agen.*

ÉVÊCHÉ
D'ORAN

Je bénis de tout cœur les âmes vraiment catholiques qui encouragent une œuvre destinée à faire beaucoup de bien sur la terre d'Afrique et spécialement dans mon diocèse.

Oran, 23 avril 1873

† J.-B. IRÉNÉE, 1ᵉʳ *évêque d'Oran.*

ÉVÊCHÉ
de
NANCY et de TOUL

Nancy, 11 avril 1875

L'œuvre des Frères des Missions-Africaines est assurément une des plus utiles qu'on puisse créer pour la régénération des peuples si déchus de l'Afrique. Son importance n'échappera à personne et nous serons heureux de voir notre diocèse qui donne de si larges aumônes et fournit tant de missionnaires, s'associer à cette nouvelle œuvre si chrétienne et si française.

† JOSEPH, *évêque de Nancy.*

ÉVÊCHÉ
de
SAINT-CLAUDE

Saint-Claude, 3 avril 1875

Très-Révérend Père,

Votre lettre m'a trouvé sur le lit de douleur; un peu d'apaisement à cet état de souffrance me permet de vous envoyer ma minime offrande pour votre sainte et héroïque Mission. Votre œuvre a toutes mes meilleures sympathies ; et j'appelle sur elle les plus abondantes bénédictions du Ciel.

Agréez, etc....

† LOUIS, *évêque de Saint-Claude.*

ÉVÊCHÉ
D'ANGOULÊME

J'appelle de tous mes vœux la bénédiction de Dieu sur l'œuvre des Missions-Africaines, et je serais heureux de la voir aider par les fidèles de mon diocèse.

Lourdes, 3 juillet 1876

† A. L., *évêque d'Angoulême.*

ÉVÊCHÉ
D'ARRAS

Nous joignons volontiers notre recommandation à celle de nos vénérés collègues en faveur de l'œuvre des vocations apostoliques pour les Missions-Africaines ; elle nous paraît digne de l'intérêt des personnes qui ont à cœur la diffusion du règne de Notre-Seigneur dans les âmes qui n'ont pas eu encore le bonheur de le connaître.

Bois-Saint-Pierre, en courses de visites pastorales, 18 avril 1877.

† S. B. G., *évêque d'Arras.*

ÉVÊCHÉ
de
NIMES

Je bénis de mes deux mains et de tout mon cœur l'œuvre des Missions d'Afrique, si chère à la foi, à la civilisation et à la France. Je désire qu'elle trouve dans mon diocèse toutes les sympathies dont elle est digne.

Nîmes, 21 Novembre 1877.

† LOUIS, *évêque de Nîmes.*

ÉVÊCHÉ
de
MOULINS

Révérend Père,

Monseigneur préside en ce moment sa seconde retraite ecclésiastique et se voit dans l'impuissance de répondre à la lettre que vous lui avez adressée. Il me charge de le faire et de vous autoriser en son nom à vous adresser à la charité de ses diocésains dans l'intérêt de vos Missions Africaines.

Je suis plus embarrassé de vous transmettre ses bénédictions pour le succès de votre œuvre; il doit arriver que ces sortes de grâces perdent à passer par des intermédiaires. Au moins Monseigneur n'en pourrait-il choisir un qui fût avec un plus dévoué respect, Révérend Père,

Votre très-humble serviteur,

JEAN-AMBROISE GIBERT,
vicaire-général.

ÉVÊCHÉ
de
CARCASSONNE

Monsieur l'abbé Fournier, vicaire-général de Carcassonne recommande l'œuvre des Missions-Africaines à la générosité des fidèles. Cette œuvre est particulièrement intéressante pour le diocèse de Carcassonne puisqu'elle a été fondée par l'un de ses plus glorieux enfants, Monseigneur Marion de Brésillac, mort victime de son zèle sur la côte du Dahomey.

Carcassonne, 12 juillet 1877

FOURNIER, *vicaire-général.*

ARCHEVÊCHÉ
D'ALBY

Je suis très-heureux que l'occasion me soit fournie de recommander au clergé et aux fidèles de notre diocèse le T.-R. P. Desribes et son noviciat.

Alby, 21 juin 1877

C. PUEL, *vicaire capitulaire.*

AVIS

On trouve au Noviciat des Missions-Africaines, Clermont-Ferrand,

L'ÉVANGILE AU DAHOMEY

grand volume in-8

Prix : 7 Francs.

Clermont, imp. Centrale. — MALLEVAL.

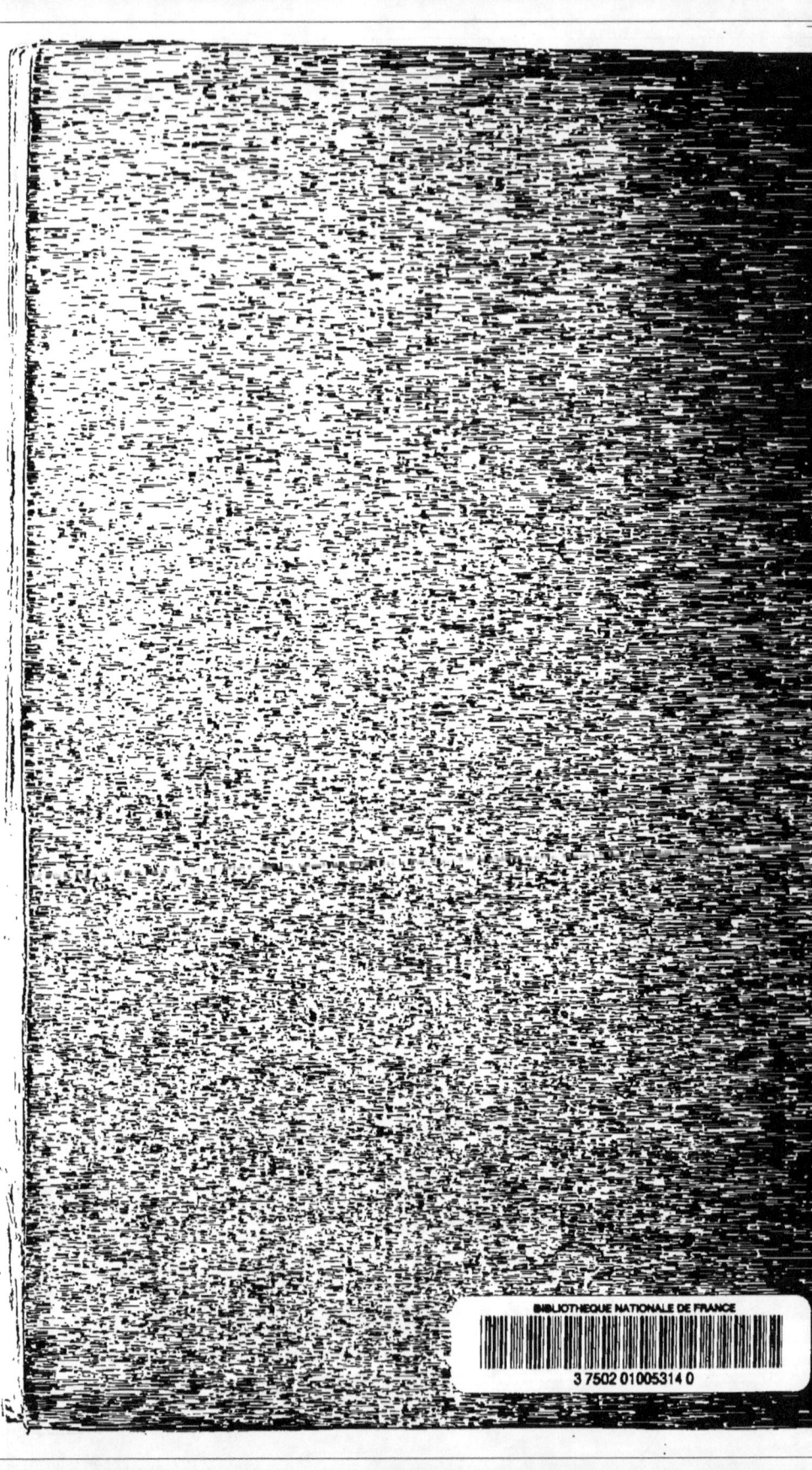

www.ingramcontent.com/pod-product-compliance
Lightning Source LLC
Chambersburg PA
CBHW070259100426
42743CB00011B/2272